# DAS GLAS IST LEER

Texte von Jörg Keller

Gedichte , Aphorismen und andere Texte

Impressum :

Biografische Information der Deutschen
Nationalbibliothek :
Die Deutsche Nationalbibliothek verzeichnet diese
Publikation in der Deutschen Nationalbiograftie ;
detaillierte bioggrafische Daten sind im Internet über
http://dnb.dnb.de abrufbar .

Herstellung und Verlag : BoD – Books on Demand,
Norderstedt

ISBN : 978-3-7519-1766-7

## Zum Autor :

Jörg Keller ,
geboren 1963 in Morlautern jetzt Kaiserslautern ,
lebt seit über 20 Jahren mit Familie auf einer kleinen
Anexe im Landkreis Kaiserslautern .

Nach den beiden Lyrikbänden

" Zu Spät "   und   " Keine Ahnung "

folgt nun ein weiterer Band mit lyrischen Texten aus
eigener Feder denn ...…

…..... **DAS GLAS IST** noch lange nicht **LEER** .

# INHALTSVERZEICHNIS
## ( Alphabetisch )

# VORWORT

*" Einzeln sind wir nur Worte .*

*Zusammen sind wir ein Gedicht "*

Georg Bydlinski

Lyrik ist nichts anderes als aus einzelnen
Worten ein Gedicht zu machen . Das hat man
schon relativ früh erkannt .

In diesem Sinne :

Viel Spass beim lesen meiner lyrischen  Texte

Kleingedrucktes :

Zu Risiken oder Nebenwirkungen lesen sie den
Beipackzettel und die Warnung zu Beginn des
Vorworts .
Gehen sie nicht zu ihrem Arzt oder Apotheker
denn die können ihnen auch nicht helfen .

## WIE ZU HAUSE

Ich muss im Urlaub
nicht in ferne Länder reisen .

Abseits der Touristenhochburgen
sind dort die Zustände oftmals so fürchterlich
dass ich mich sowieso gleich
wie zu Hause fühle.

# NEUES STATUSSYMBOL

Genau wie Früher
zeigt man auch Heute noch gerne
was man hat .

In den letzten Jahren allerdings
hat sich unser Statussymbol
grundlegend geändert !!


Es mag ja sein
dass dein Auto 200 PS hat
und meines nur 50 .
Auch kann es sein
dass dein Auto 8 Zylinder hat
und meines nur 4 . ........

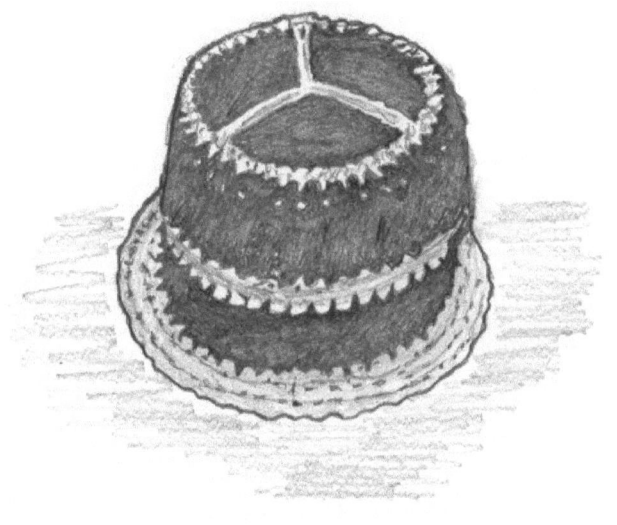

……. Aber mein Auto hat Klopapier !

## ARGUMENTE

Wenn ich von unseren Politikern
eines gelernt habe
dann dass Argumente immer störend sind .

……. Vor allem dann

WENN SIE AUCH NOCH GUT SIND .

# DISKRIMINIERUNG

Damit sich in Deutschland
nie wieder ein Mitbürger diskriminiert fühlt
darf auf unseren Speisekarten
nicht mehr Zigeunerschnitzel stehen
sondern es muss Paprikaschnitzel heißen .

Auf der Kirmes dürfen keine Mohrenköpfe
oder Negerküsse mehr angeboten werden
sondern nur noch Schaumküsse ,
und selbst zu den Eskimos
müssen wir jetzt Inuiten sagen .

Wir als Deutsche aber dürfen weiterhin
diskriminiert werden .

………. Oder warum sonst werden wir
bei jeder Verkehrskontrolle
nach dem "Führer" - schein gefragt
und nicht nach einer Fahrerlaubnis ?

## 100 DINGE

Auch wenn du 100 Dinge richtig machst ........

An diese eine Sache die du falsch machst
werden sich alle erinnern !


## LUSTIGE LÜGEN

Eigentlich mag ich es gar nicht
wenn ich angelogen werde . ........
Außer ich kenne die Wahrheit .

......... Dann kann es ganz lustig werden !!

# DAS GLAS IST LEER

Ich weiß nicht
wie lange sich unsere Politiker
noch darum streiten wollen
ob das Glas nun halb voll oder halb leer ist

……. Ich weiß nur ,
wenn sie so weiter machen
ist bald nichts mehr drin !

# KLOPAPIERKOMPLEX

Ich habe solche Komplexe
dass ich ohne meinen Psychiater
im Supermarkt
kein Toilettenpapier kaufe .

Allein der Gedanke daran
dass mich jemand dabei sieht
und sich dann vorstellt
was ich zu Hause damit mache
treibt mich derartig in den Wahnsinn
dass ich lieber in die Hosen scheiße !

## BÄUME AUSREIßEN
### - Es geht mir gut -

Ich könnte glatt Bäume ausreißen !


…… Na gut , kleine Bäume !


? ? ? ? ?

Vielleicht Bonsai ? ……

Blumen ? ……

Gras ? ……


…… Gras geht aber !!!

## TROST

Als der Schmerz am größten war
bin ich zu dir gekommen
in der Hoffnung *getröstet* zu werden .

……….. Aber auch da
bin ich leider nur *vertröstet* worden !!

## GELD

Mit Geld
löst man keine Probleme !

Na ja , …… meine schon !

# RASSIST

Ich bin bestimmt kein Rassist
und gehöre auch nicht zu der Fraktion
" Ausländer Raus " , …….

…… aber wer hier bei uns
ältere Mitbürger auf dem Bahnsteig
verprügeln kann ,
der kann auch zu Hause bei sich
gegen die IS kämpfen !

Wenn ich mit dieser Meinung jetzt
Rassist bin , dann ……


……. " Ausländer Raus !! "

# KRIEG

Es braucht ein gewisses Maß
an Intelligenz um unsere Kriege
mit den Waffen der Diplomatie zu beenden !

……. Dumm nur dass viele der Gegner
damit nicht bewaffnet sind !

IST DUMM

## KRIEG

Ich habe mich schon immer gefragt
     wieso es eigentlich Menschen gibt
die nicht gegen den Krieg sind .......

...... bis ich dann herausgefunden habe
     dass es welche gibt
          die gar nicht hin müssen !


KRIEG .....

     Das schlimme am Krieg ist
        dass auch die verlieren
           die gar nicht mitspielen !

     ...... IST KEIN SPIEL

## ALTE FREUNDE

Wir waren Freunde
und ich habe ihn wirklich gut gekannt !


Nachdem ich ihn nun schon
länger nicht mehr gesehen habe
habe ich ihn Heute wieder getroffen .


……. Jetzt ist er nur noch jemand
den ich mal gut gekannt habe !


- Schade -

NICHT AUFREGEN !

Warum soll ich mich aufregen ?
  Ich reg mich nicht auf ........

Das machen doch schon die anderen !




DER PRÄSIDENT

In fast allen Ländern der Erde
kennen die Bürger ihren Präsidenten .

....... In vielen davon aber
        kennt der Präsident
seine Bürger nicht !

## MICH VERLASSEN

Ich kann es verstehen
wenn du mich verlässt . .....

...... Am liebsten würde ich ja selber
gerne mitkommen ........

...... Aber ich kann nicht !


- Ich kann mich nicht verlassen -

# KAFFEEKRISE

## - Man wird nicht ernst genommen -

------------------------------------------------

" Notrufzentrale ! Wie können wir helfen ? "

" Mein Kaffee ist alle ! "

" ....... ??? ....... "

" Hören sie mich "

" Tuuut ....... Tuuut ....... Tuuut "

------------------------------------------------

Es wird einem nicht zugehört !

....... Auch wenn die Welt untergeht
                bei dieser Notrufzentrale
braucht man nicht anzurufen !

## MEINE GRÖßTE LÜGE

Die größte Lüge in meinem Leben
war die als ich dich gehen ließ
und gesagt habe
ich käme über dich hinweg .


……. Diese Lüge war so gut
dass ich mich damit sogar
selbst belogen habe !

## ALLE WEGE FÜHREN NACH ROM

Als ich Gestern gefragt wurde
ob man auch auf diesem Weg
                    nach Rom kommt
habe ich natürlich ja gesagt .

Man darf ja nicht lügen ! ………

Auch wenn es in dieser Richtung
                    bestimmt
so um die 40.000 Kilometer sind !!!!

## BURN OUT

Meinen Burn Out habe ich hinter mir .

…….. Ich bin bereits bei L.m.a.A. !

## SCHATTENRENNEN

Du solltest aufhören ständig nur
hinter deinem Schatten herzurennen .

……. So wirst du in deinem Leben
nie die Sonne erreichen !

## GEGENWIND

Wenn du überall nur Gegenwind hast
dann lerne doch zu fliegen .

........ Auch die großen Vögel
starten erst mal gegen den Wind
bevor sie am Himmel davon
schweben .

## STRICH DURCH DIE RECHNUNG

Ohne Punkt und Komma
　　habe ich auf sie eingeredet . .......

Herausgekommen ist dabei aber nur
ein weiterer
　　　Strich durch meine Rechnung !


　　...... Dabei dachte ich es hilft
　wenn ich noch einmal mit ihr rede .

## ANGST VORM STERBEN

Ich habe keine Angst vorm sterben !

Mit dem eigenen Tod kann ich umgehen .

......... Vielmehr fürchte ich mich
vor dem Tod anderer ,
denn damit muss ich weiterleben !



## KEIN PLATZ IM LEBEN

Du wirst immer einen Platz
in meinem Herzen haben .....

..... nur leider nicht in meinem Leben !

# PROFIS UND AMATEURE

Man muss nicht unbedingt Profi sein um eine
Arbeit gut auszuführen .
Auch Amateure können gute Arbeit leisten !

Glaubst du nicht ?

OK , ein Beispiel :

Die Titanic wurde von absoluten Profis gebaut
und ist unter *gegangen* ......

…….. Ein gewisser Noah aber
hat mit einfachsten Mitteln eine Arche gebaut
und damit die Welt
vor dem Untergang gerettet .

KO ........

Im Leben geht es nicht immer fair zu !!

Nach langem harten Kampf
hast du ihn auf die Bretter geschickt .

Eigentlich bist du der Sieger ,

aber ........

Manche werden auch zum Sieger erklärt
wenn sie KO geschlagen
am Boden liegen .

...... ABER TROTZDEM GEWONNEN

ARTIG

Du bist nicht immer **artig** ! ……

Manchmal bist du auch *un* - **artig** und
*eigen* - **artig** ,
ganz selten auch mal   *bös* - **artig** .


Für mich aber bist du
vor allem *einzig* - **artig** und
*groß* - **artig** .


Genau deshalb liebe ich dich so
*ab* - **artig** *!*

## ANKOMMEN

Schluss mit dem Nomadendasein !

Jeder Mensch sollte in seinem Leben
irgendwann mal irgendwo ankommen
bevor auf seinem Grabstein steht :

> – *Hier ist sein erster fester*
> *Wohnsitz -*

## TEUER BEZAHLT

Jeder weiß
dass man Liebe nicht kaufen kann !

........ Trotzdem
gibt es genügend Leute
die teuer für sie bezahlt haben !

## BELLEN

Du erinnerst mich an meinen Hund .

....... Der bellt auch
und kann nicht beißen !

UND BEIßEN

## SCHLECHT GELAUNT

Wenn meine Laune
          schon mal im Keller ist
     kann ich sie ja fragen
ob sie mir wenigstens ein Bier mitbringt !

PROST

## EINFACH MAL

Du redest viel   ……    oftmals zu viel !


Aus Angst für dumm gehalten zu werden
wenn du nichts sagst
sagst du zu viel ……..

So viel zu viel dass sich die Leute danach
wirklich sicher sind !


Manchmal wäre es besser
einfach mal den Mund zu halten !


## DEN MUND HALTEN

## LOSLASSEN

Ich weiß was mein Problem ist !
Ich kann nicht loslassen !

Dabei weiß ich doch ganz genau
dass ich dich eigentlich
sogar noch schubsen sollte !


## ICH LIEBE DICH

Man schreibt  - Ich liebe dich -  nicht
zusammen !

Aber ich muss das so machen
weil ich nicht will dass es
auseinander geht !

- ICHLIEBEDICH -

## NEUE MODE

Wenn ich mir so
die ganzen Modenschauen ansehe
komme ich zu dem Schluss
das so mancher Designer
es sich zur Aufgabe gemacht hat
aus einem *Out* - fit
ein *Autsch* - fit zu machen ?

## JUNGE GENERATION
### - Unser Baby -

Wir sollten nicht schlecht
über die junge Generation reden .

Schließlich sind wir an ihr
nicht ganz unschuldig !


## GUT ERZOGEN

Meine Erziehung war wirklich gut !

…….. Keine Ahnung
was danach passiert ist !

# BENZINPREISE

Bei den heutigen Benzinpreisen
sollte der Tankwart
neben seiner normalen Ausbildung
auch eine theologische
                    Ausbildung erhalten
damit er seinen Kunden
beim bezahlen an der Kasse
                    seelsorgerisch
zur Seite stehen kann !

## BABYSITTER

Wenn du die Rufnummernunterdrückung
benutzen musst
weil dein Babysitter sonst nicht
ans Telefon geht
wenn er deine Nummer sieht
dann muss das nicht an dir liegen .......


....... Es könnte auch
an der Erziehung deiner Kinder liegen !

## WENN BLICKE TÖTEN KÖNNTEN
### - In die Augen schauen -


Ich kann dir nicht in die Augen schauen !

........ Das geht erst wieder
            wenn ich mir sicher sein kann
dass Blicke wirklich nicht töten können !

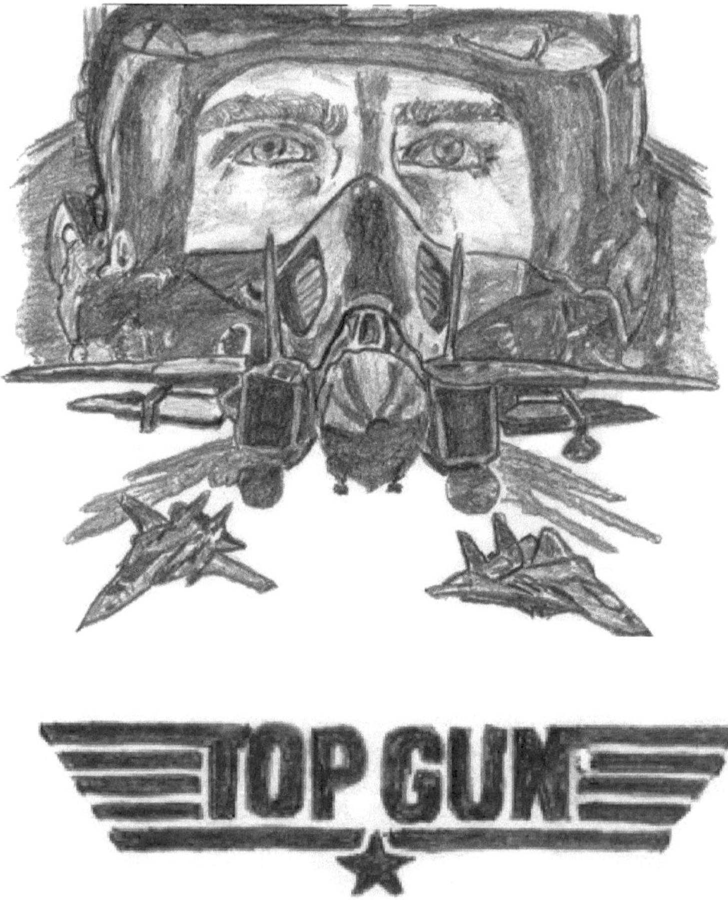

# TOP GUN

" Top Gun " , das schaue ich nur
          wegen der tollen Flugzeuge ,
nicht wegen Tom Cruise ! ......

       ....... Alles klar !


Ich schaue Pornos auch nur
    weil ich wissen will
        ob der Klempner wirklich
    den Abfluss frei bekommt !

## VERLÄNGERTES WOCHENENDE

- So langsam werde ich Alt -

Das merke ich vor allem daran
dass man meine Wochenenden
um die Tage von Montag bis Freitag
verlängern müsste
damit es ausreicht um mich
von den Samstagen und Sonntagen
zu erholen !!

## GEHIRN

Wer rastet der rostet ! …….

……… Das gilt auch für unser Gehirn .

Auch das Gehirn will trainiert werden
damit es nicht einrostet .


Bei vielen Menschen allerdings
habe ich eher den Eindruck
dass sie versuchen es zu erhalten
indem sie es nicht einsetzen !

## BLENDER

Es gibt Menschen die sind nicht schön

....... sehen aber so aus !

## REGEN IM HERZEN

Die Tränen in deinen Augen
sind der Regen
der aus deinem Herzen kommt !

## ANGST

Panische Angst vor schnellen Dingen
das hatte ich schon als Kind .

Aus Angst vor der Geschwindigkeit
habe ich mich selbst im Kinderkarussell
schon nur aufs Fahrrad getraut
und nicht in den Rennwagen !

## VOR GESCHWINDIGKEIT

## UNGLEICHE STRÜMPFE

Wenn ich die Strümpfe
die ich an den Füßen trage
wegwerfe weil sie unterschiedlich sind
habe ich keine mehr .......

........ Das andere Paar
welches ich zu Hause noch habe
kann ich dann auch gleich wegwerfen
weil es ja die selben sind !

........ PS .:

Eigentlich wollte ich nur mal fragen :

" Wer sagt eigentlich dass Strümpfe
immer gleich sein müssen ? "

## GEDULD

Manchen Dingen sollte man ihre Zeit
einfach lassen !

Mit vielen Dingen im Leben
                    ist es wie in der Natur .
……. Man braucht Geduld .


…….. Oder wächst ein Grashalm
  schneller wenn man daran zieht ?

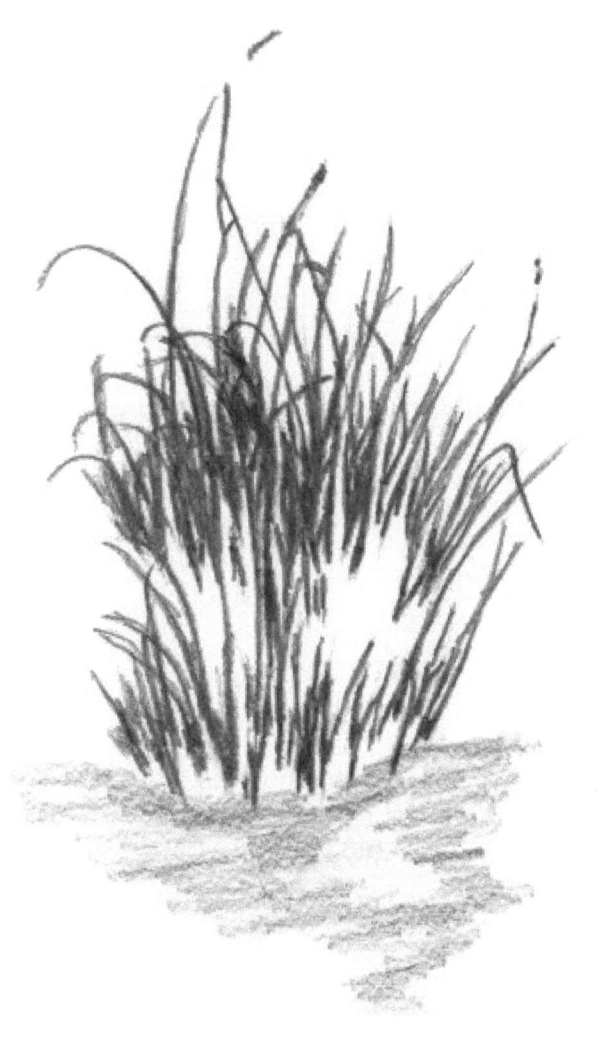

KINDERSPIEL

Ist doch ein Kinderspiel !

Ich will ja nicht angeben ,
aber das schaff ich in einer Woche ……..

obwohl auf der Verpackung 2 - 3 Jahre steht !

DEUTSCH

Manchmal ich mich wirklich fragen
ob ich sein einziger
wo tun Deutsch

REDEN

## KEINE UNIVERSITÄT

Ich frage mich die ganze Zeit schon
wozu wir in Deutschland
Universitäten brauchen .......


Sch..... doch drauf !


...... Es hört ja sowieso niemand
auf die Gelehrten !

## PLATZ IM HERZEN

Es ist nicht so
dass ich niemanden mehr in mein Herz lasse .

....... Es ist nur so
dass der Türsteher
in den letzten Jahren strenger geworden ist .

## EX - FRAUEN

Gestern hast du mich gefragt
wie viele Frauen ich vor dir schon
gehabt habe .

……….. Na ja , gezählt habe ich sie nicht !

Es waren weniger als du befürchtet hast ! .....

Allerdings aber
auch mehr als du vielleicht gehofft hast .

## NIEDERLAGEN

Enttäuschungen sollen stärker machen
und an Niederlagen
soll man angeblich wachsen !

……. Nur frage ich mich dann
wieso ich nicht schon längst unbesiegbar
und noch immer nur 1,72 groß bin ?

UND ENTTÄUSCHUNGEN

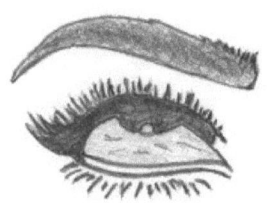 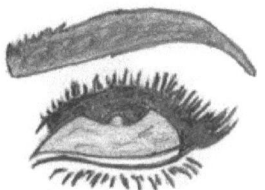

## DIE AUGEN VERDREHEN

Ich weiß nicht wie sie es machen ……

……. aber Frauen können es hören
wenn wir am Telefon die Augen verdrehen !

## SOMMER IN DEUTSCHLAND
( Eine Momentaufnahme )

Jetzt sitzen wieder alle
vor ihrem Weber Grill für 1000.- Euro
und grillen Bratwürste
aus dem 10er Pack vom Aldi für 99.- Cent .

FREMD -

- Eine Ausrede -

" Entschuldigung Schatz ! ........
Aber um zu wissen wer die richtige ist
         muss ich doch auch mal
die falsche küssen ! "

GEKÜSSST

MEIN TRAUM
- Du bist mein Traum -

Es ist schön von dir zu träumen , aber

...... Es schläft sich besser
wenn der Traum neben einem liegt
als wenn man ihn nur träumt !

- Ich vermisse dich -

## VERWURZELT

Mit einer guten Freundschaft
ist es wie bei einem starken Baum .

Es ist nicht wichtig
was man über der Erde sieht . .....
Was zählt ist das was unter der Erde
ganz fest verwurzelt ist . ......

......... Das hält den Baum !

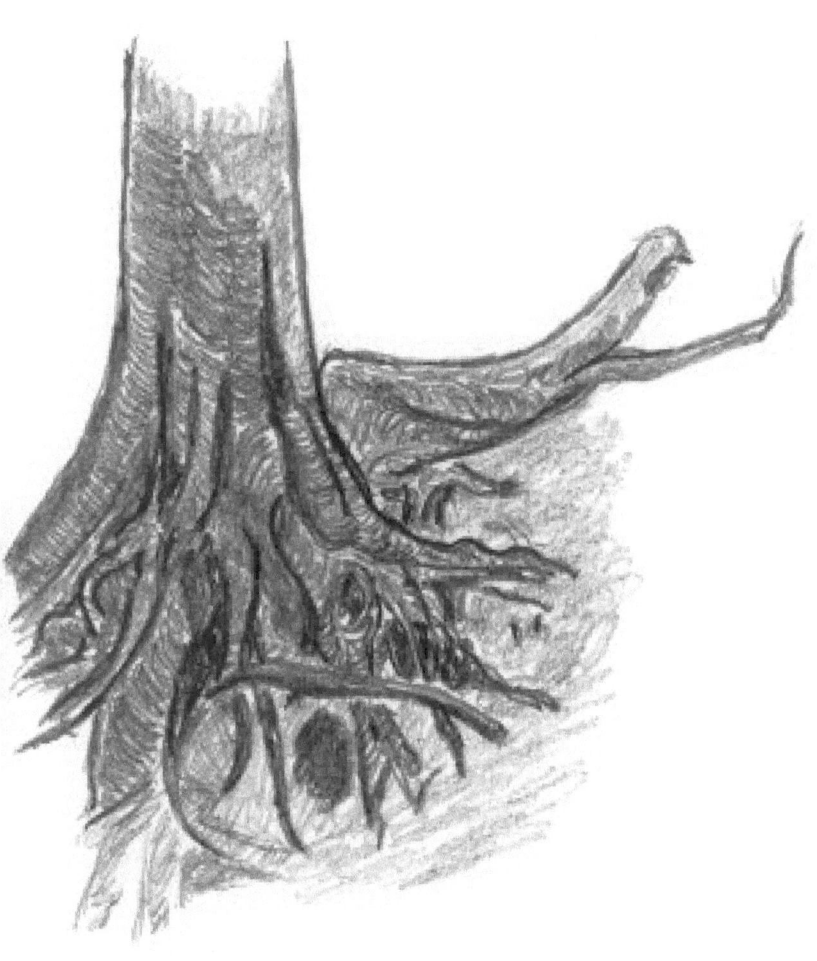

# TELEFONIEREN

Gestern habe ich auf meinem Smartphone
eine Funktion entdeckt ........

mit der kann man auf Sprachnachrichten
antworten
schon bevor man sie zu Ende gehört hat .

Angeblich soll das sogar
auf älteren Handymodellen funktionieren .

Da nennt sich das

*- TELEFONIEREN -*

## LICHT UND SCHATTEN

Wir zwei sind wie Licht und Schatten !
Du das Licht und ich der Schatten .

Das Licht braucht keinen Schatten !
……… Der Schatten aber
kann ohne das Licht nicht existieren !

- Ich brauche Dich -

*STRESS* ……..

entsteht bei mir im Gehirn dann
    wenn es meiner Faust verbietet
jemanden zu schlagen
    der es eigentlich verdient hätte !


Aber Vorsicht ……….

Mein Arzt hat mir dazu geraten
in Zukunft jeden Stress zu vermeiden !

ES LÄUFT

Ständig werde ich gefragt
       wie es bei mir so läuft .

Na ja , was soll ich dazu sagen ,

" *ES LÄUFT* " ......

Wenn auch nur Bergab , aber

....... ES LÄUFT

DUMME FRAGE .....


Wenn du nicht willst
dass ich dir eine dumme Antwort gebe
dann stell auch
keine dummen Fragen !


...... DUMME ANTWORT

## EINMAL UM DEN SEE

" Lass uns doch einmal um den See laufen "

" Wie heißt dieser See eigentlich ? "

" Rhein "

## GRUNDLOSE EIFERSUCHT

Schon im Vorfeld
hast du dich bei mir dafür entschuldigt
dass du oft grundlos
Eifersüchtig bist .


Da brauchst du keine Angst zu haben .
....... Bei mir wird deine Eifersucht
niemals *grundlos* sein !

## NEUES HÖRGERÄT

" Wie ist dein neues Hörgerät denn so ? "


" Was ,  ach ja ……….
Genau 15:30 Uhr haben wir jetzt "




## DIE KNEIPE

Sie hat mir die Pistole auf die Brust gesetzt !

Sie oder die Kneipe !

……. Manchmal ,
wenn ich vom letzten Bier heim komme ,
vermisse ich sie schon !

# MIGRÄNE

Da gibt es diese Frauen die haben nie Migräne

…… Aber die kann ich mir nicht leisten !

DER SCHÖNSTE FEHLER

- Ja keinen Fehler machen -


Weil wir nichts falsch machen wollen
geben wir uns gar nicht erst eine Chance .


....... Dabei wäre es vielleicht
der schönste Fehler unseres Lebens !!!

## ARZT DES VERTRAUENS

Würdest du einem Arzt vertrauen
     welcher vor der Narkose sagt :

" Zählen wir gemeinsam bis 10
     und dann schauen wir mal
    wer als erster schläft "

SAG WAS DU DENKST ! .......

Der den es stört ist nicht wichtig .
Und der dem du wichtig bist ,
    den stört es nicht !

# MORGENLATTE

- Ich bin ganz behütet aufgewachsen ! -

Bis Gestern noch habe ich
bei einer Morgenlatte
an die erste Tasse Kaffee
zum Frühstück gedacht!

DIE PERFEKTE FRAU ......


putzt , kocht ,
wäscht und macht sauber ,

f.... auch noch gut , aber .......


...... GIBT ES LEIDER NICHT !


Man kann nicht alles haben !

KEINE BEZIEHUNG ……

………. Erst
wenn du den richtigen gefunden hast .

Also doch ! ……..

Aber zu mir hast du doch gesagt
dass du keine Beziehung willst !

# IM KREISVERKEHR

Es gibt Menschen ,
        mit denen zu diskutieren
    ist in etwa so ergiebig
wie eine Stunde mit dem Auto
    im Kreisverkehr . . . . . . .

. . . . . . Man kommt zu keinem Ziel !

## GEHEN LASSEN

- Es hat keine Zukunft -

Wenn du es nicht schaffst
dass sie von alleine bleibt
sondern sie jedes mal erst davon
überzeugen musst .......

....... dann lass sie gehen !


## EINSAMKEIT

Wenn aus Ruhe Langeweile
und aus Stille Leere wird
dann dauert es nicht mehr lange
bis aus Alleinsein Einsamkeit wird .

## ERZIEHUNG

Was soll ich dazu sagen ?


….. ich kann manchen Kindern
nur dazu raten
sich beim nächsten mal
andere Eltern auszusuchen !

## SCHNÄPPCHEN

Super Angebot .......

Beim Kauf von drei paar Schuhen
gibt es das vierte Paar
zum Preis von einem dazu !

....... Also ihr Frauen ,
worauf wartet ihr ?

## LETZTE WORTE

Die letzten Worte meines Navigationsgerätes
auf der Autobahn :


" Bitte Wenden "

Bei Auftreten der im Vorwort erwähnten Nebenwirkungen wurde ja die erneute Lektüre der beiden vorherigen Werke des Autors empfohlen .

Falls dieser Fall jetzt eingetreten sein sollte , hier jetzt auf den nächsten Seiten der Hinweis wo man diese beiden Werke bekommen kann ........

........ Ansonsten

## Danke

für die Lektüre dieses Buches und wenn es euch gefallen hat die Bitte es weiter zu empfehlen .

## Vielen Dank

95

# Zu Spät

## **Jörg Keller**

Klassiker & Lyrik
Paperback
90 Seiten
ISBN-13: 9783754306352
Verlag: Books on Demand
Erscheinungsdatum: 12.06.2021
Sprache: Deutsch
Farbe: Nein

NEU

# Keine Ahnung

**Jörg Keller**

<u>Klassiker & Lyrik</u>
Paperback
100 Seiten
ISBN-13: 9783756216192
Verlag: Books on Demand
Erscheinungsdatum: 27.05.2022
Sprache: Deutsch
Farbe: Ja